DU MÊME AUTEUR

La contre-nature de Chrysippe Tanguay, écologiste, Leméac, 1984

La poupée de Pélopia, Leméac, 1985

Rock pour un faux-bourbon, Leméac, 1987

Les feluettes ou La répétition d'un drame romantique, Leméac, 1987

Les muses orphelines, Leméac, 1989; nouvelle version, 1995; 2000

L'histoire de l'oie, Leméac, 1991

Les grandes chaleurs, Leméac, 1993

Le voyage du couronnement, Leméac, 1995; nouvelle version, 2000

Le chemin des passes-dangereuses, Leméac, 1998

Les papillons de nuit, Leméac, 1999

Sous le regard des mouches, Leméac, 2000

Les manuscrits du déluge, Leméac, 2003

Les porteurs d'eau, Leméac, 2004

MICHEL MARC BOUCHARD

Les Muses orphelines

Nouvelle version

LEMÉAC

Couverture : Michel Marc Bouchard, photographie de Yves Médam.

Leméac Éditeur remercie le ministère du Patrimoine canadien, le Conseil des arts du Canada, la Société de développement des entreprises culturelles du Québec (SODEC) et le Programme de crédit d'impôt pour l'édition de livres du Gouvernement du Québec – Gestion SODEC, du soutien accordé à son programme de publication.

ISBN 2-7609-0358-3

Imprimé au Canada.

MA GALERIE DE TABLEAUX

Il y a dix ans, j'écrivais *Dans les bras de Morphée Tanguay*, une satire sur l'éducation des enfants, un tableau psychédélique et noir sur la famille et le système éducatif. Cette pièce fut la genèse de *La Contre-nature de Chrysippe Tanguay, écologiste*, de *La Poupée de Pélopia* et de *Les Muses orphelines*.

Dans la série des Tanguay, je me compare à un peintre qui poursuit avec le temps une réflexion sur les mêmes images, les mêmes couleurs, les mêmes préoccupations. C'est au vernissage de ce quatrième tableau, d'une collection égoïstement personnelle, que je vous convie. Un quatrième tableau aux couleurs de l'abandon, du passé et des secrets de famille. Un questionnement sans censure, sans véritable réponse sur la plus grande fatalité de notre existence : notre famille, notre genèse.

MICHEL MARC BOUCHARD
septembre 1988

MICHEL MARC BOUCHARD

Né en 1958 au Lac-St-Jean, Michel Marc Bouchard écrit et monte ses premiers textes alors qu'il est étudiant en tourisme au Cegep de Matane. Après des études en théâtre à l'Université d'Ottawa, il travaille avec les différents théâtres de l'Ontario francophone avant de s'installer à Montréal où il œuvre toujours.

Ces pièces sont traduites en plusieurs langues et jouées sur les scènes québécoises, canadiennes et étrangères. *Les Muses orphelines* est traduite en sept langues et a déjà été jouée dans différentes productions entre autres à Bruxelles, Calgary, Mexico, Montevideo, Nantes, Neuss (Allemagne), New York, Ottawa, Paris, Québec, Rome, Toronto, Vancouver et Victoria.

En l'an 2000, le Québécois Robert Favreau a réalisé une version cinématographique des *Muses orphelines*.

Boursier du ministère de la culture du Québec, du Conseil des arts du Canada et de la Fondation Beaumarchais de Paris, ses pièces ont été mises en nomination à plusieurs reprises au prestigieux prix du Gouverneur général pour la littérature ainsi qu'à la Soirée des Masques. Il a reçu de nombreux prix, notamment le prix du Centre national des Arts, le prix de l'Association québécoise des critiques de théâtre, le prix des critiques de théâtre du Mexique, le Dora Mavor Moore Award et à deux reprises, le Floyd S. Chalmers Award et le prix d'Excellence littéraire du Journal de Montréal.

L'adaptation cinématographique de sa pièce *Les Feluettes* a reçu le prix Génie du meilleur long métrage canadien 1996 et l'adaptation télévisuelle de *l'Histoire de l'oie* s'est méritée le prix Gémeaux de la meilleure émission jeunesse 1998.

CRÉATION ET DISTRIBUTION
Version originale

La pièce *Les Muses orphelines* a été créée au Théâtre d'Aujourd'hui, sous la direction artistique de Robert Lalonde, le mercredi 7 septembre 1988 dans une mise en scène d'André Brassard, assisté de Roxanne Henry.

CATHERINE : Anne Caron

ISABELLE : Dominique Quesnel

LUC : Roy Dupuis

MARTINE : Louise Saint-Pierre

Décor et costumes : Mérédith Caron

Accessoires : Louise Campeau

Coiffures : Réjean Goderre

Maquillage : Marielle Lavoie

Éclairage : Yvon Baril

Supervision musicale : Pierre Moreau

Bande sonore : Patrice Saint-Pierre

CRÉATION ET DISTRIBUTION

Nouvelle version

Cette nouvelle version de la pièce *Les Muses orphelines* a été créée au Théâtre d'Aujourd'hui sous la direction artistique de Michelle Rossignol le 14 octobre 1994 dans une mise en scène de René-Richard Cyr assisté de Suzanne Aubry.

CATHERINE : Louise Portal

ISABELLE : Pascale Desrochers

LUC : Stéphane Simard

MARTINE : Marie-France Lambert

Scénographie et accessoires : Claude Goyette

Éclairages : Claude Accolas

Costumes : François St-Aubin

Musique originale : Michel Smith

Direction technique
et direction de production : Harold Bergeron

Maquillages et coiffures : Angelo Barsetti

À mes sœurs Luce, Caroline et Claudine…
et à la douce mémoire de Josée.

PERSONNAGES

CATHERINE TANGUAY: Sœur aînée, 35 ans. Institutrice à l'école élémentaire de Saint-Ludger de Milot.

ISABELLE TANGUAY: Sœur benjamine, 27 ans. Préposée à la barrière du parc des Passes-Dangereuses.

LUC TANGUAY: Frère, 30 ans. Pseudo-écrivain.

MARTINE TANGUAY: Sœur cadette. 33 ans. Capitaine dans les Forces armées canadiennes en poste à Baden-Soligen.

DÉCOR

La salle commune d'une maison de campagne. Une porte donne sur cette salle commune. Saint-Ludger de Milot, Lac-Saint-Jean, avril 1965.

PREMIER ACTE

SCÈNE 1

Le Samedi saint. Fin de l'après-midi.

Catherine fait l'inventaire d'une valise de femme.

CATHERINE. Trois foulards, trois foulards rouges, deux blouses avec des motifs...

ISABELLE, *entrant du dehors avec un sac.* J'ai oublié l'heure.

CATHERINE. La porte! Maudit sable! On va finir enterrées vivantes...

Catherine ferme la porte.

ISABELLE. Ça prend une demi-heure, aller au village à pied.

CATHERINE. C'pas un balai que ça prend pour faire le ménage icitte, c't'une pelle.

ISABELLE. J'ai acheté ton jambon. (*Silence.*) J'ai oublié l'heure. Ça arrive.

CATHERINE. Vingt-sept ans pis pas capable de fermer une porte. T'attends-tu que la savane rentre en entier dans maison avant de te décider à fermer ta porte? J'te dis que je l'ai eu le bel héritage! Dix âcres de sable avec une maison sus l'boutte d'une colline que meman avait donc raison d'appeler le calvaire. Dix âcres de sable avec du vent, du frette, pis une fille de vingt-sept ans qu'y est pas encore capable de fermer une porte.

17

ISABELLE. J'ai acheté ton jambon.

CATHERINE. Y a dû te rester de l'argent.

Isabelle le lui remet.

ISABELLE. Le jambon a coûté une piastre vingt-trois. Tu m'as donné une piastre et cinquante. Tiens, tes vingt-sept cennes. (*Elle les donne à Catherine. Catherine retourne à son inventaire.*) Tu cours pas les cacher. Y faudrait que tu m'achètes un fusil. Promener d'la grosse argent comme ça dans l'rang, c'est risqué.

CATHERINE. Tu me donneras ton chèque de paye. T'es en retard pour ta pension. Une... trois... six paires de bas.

ISABELLE. On a pas eu de visite pendant que j'étais partie?

CATHERINE. Sers-toi de ta tête! Quand y passe un char dans l'rang c't'un événement.

ISABELLE. Arrête de m'écœurer, Catherine. J'ai oublié l'heure!

CATHERINE. Sortir déshabillée comme ça. En plein dégel! (*Silence*) «En avril, ne te découvre pas d'un fil...»

ISABELLE. «...En mai, reste enfermé. Juin, juillet, août, fais pas l'fou pis essaye d'être vert pour l'hiver.» Y doivent rire de toi, tes élèves?

CATHERINE, *poursuivant l'inventaire.* Si meman t'entendait.

ISABELLE. A m'entend, inquiète-toi pas. A m'entend.

CATHERINE. La porte! (*Isabelle referme la porte.*) Deux éventails... pis y me manque encore une jupe espagnole!

ISABELLE. C'est lui qui l'a sus l'dos.

CATHERINE, *horrifiée.* Y est pas encore allé au village habillé comme ça? Je l'ai pas vu sortir.

ISABELLE. À cause que tu tries le linge de meman?

CATHERINE. Y est pas encore allé?

ISABELLE. J'haïs ça quand tu me réponds par une question! (*Silence.*) Non, y est pas allé. Je l'ai vu dans la savane. Y était en train d'écrire. À cause que tu voulais que je revienne avant souper?

CATHERINE. Tu vas retourner au village.

ISABELLE. Tu m'prends-tu pour un cheval? Prends ton char!

CATHERINE. J'ai le jambon à faire cuire!

ISABELLE. J'attends de la visite.

CATHERINE. Qui ça?

ISABELLE. D'la visite!

CATHERINE. Tu vas aller porter la valise au comptoir populaire. Tantôt, j'ai pas pu te la donner, y était icitte d'dans!

ISABELLE. Ah! C'est ça! On va en profiter pendant qu'y est pas là, pis y va m'haïr quand tu vas y dire que c'est moé qui s'est débarrassée du linge de meman?

CATHERINE. Va porter la valise. Y va revenir. Si c'est toé, y fera pas de crise. (*Silence.*) Je l'ai averti plusieurs fois que je ferais disparaître c'te linge-là si y sortait avec d'la maison. Ça m'dérange pas qu'y se déguise... mais dans maison.

ISABELLE. Ça fait trois ans qu'on y a pas vu la face par icitte.

CATHERINE. Y va repartir pis y va tout oublier...

ISABELLE. Tu pourrais te forcer pour pas y tomber d'sus.

CATHERINE. ...mais nous autres, on est pognées à vivre icitte avec du monde qu'y ont la mémoire aussi longue qu'un livre d'histoire.

ISABELLE. Y dit qu'on l'inspire. Y dit qu'on est des « muses ». Des muses, c'est des femmes qui aident quecqu'un à trouver des idées. C'est lui qui dit ça. Y dit qu'on va l'aider à finir son livre, *Correspondance d'une reine d'Espagne à son fils.*

CATHERINE. Quand? Ça fait ben une dizaine d'années qu'y l'a commencé! Plus que ça... y avait onze ans quand j'y ai dit que c'était mieux d'écrire c'qui y passait par la tête que de se déguiser comme meman. J'aurais donc dû être moins compréhensive. Une claque en arrière de la tête pis la valise aux pauvres! Vas-y avant qu'y revienne. Vas-y!

ISABELLE. Brûle-la. Mets-la aux poubelles!

CATHERINE. Si meman t'entendait?

ISABELLE. A m'entend.

CATHERINE. Elle qui s'est dévouée à toucher l'orgue à toutes les messes saintes pendant des années. Brûler son linge en plein carême! (*Silence.*) À cause que tu l'as faite revenir? Si c'est pour l'argent, compte pas sus lui. Y en a pas.

ISABELLE. T'es fatigante avec tes histoires d'argent! J'm'ennuyais de lui.

CATHERINE. J'préfère m'ennuyer de lui que de le savoir icitte. J'ai passé des années à dire au monde du village qu'y avait changé.

ISABELLE. Maudite belle menteuse!

CATHERINE. J'leux ai même dit qu'y allait sortir son livre. J'avais réussi à leux faire accroire qu'y était peut-être moins fou qu'ils le pensaient. Mais y fallait que tu le fasses revenir. Ça te prenait de l'inusité.

ISABELLE. Bouge pas.

Elle sort.

CATHERINE. Isabelle, vas-y avant qu'y fasse noir. Y va arriver.

ISABELLE, *revenant avec un petit cahier et un crayon.* Que c'est ça veut dire, « inusité » ?

CATHERINE. Mets-toi quecque chose sus l'dos, tu vas geler !

Isabelle ne bouge pas et frappe du pied.

ISABELLE. Que c'est que ça veut dire, « inusité » ? « Quand on sait c'que les mots veulent dire, pis comment s'en servir, on est plusse libre pis on est plusse proche de la vérité. » C'est lui qui a dit ça.

CATHERINE. « Inusité », ça veut dire « qui sort de l'ordinaire », « quecque chose de nouveau ».

ISABELLE, *écrivant dans son cahier.* Ça c'est vrai. Quand y revient icitte, toute sort de l'ordinaire. « Inusité », un « n » ?

CATHERINE. Oui, un « n ».

ISABELLE. « E » accent aigu ou « er » ?

CATHERINE. « E » accent aigu. (*Exaspérée.*) C'est pas sa place icitte ! « Icitte », deux « t », « e » !

ISABELLE. Si jamais tu y demandes de s'en aller, j'pars avec lui.

CATHERINE. D'la manière dont y se comporte, tu sais aussi ben que moi qu'y est pas la compagnie qu'y faut à une jeune femme.

ISABELLE. Me v'là rendue une jeune femme. Ça me change de la sous-développée.

CATHERINE. C't'un malade, Isabelle.

ISABELLE. Pour «filer» comme ça, ça doit faire longtemps que t'as montré tes fesses à ton chum, toi!

CATHERINE. Isabelle! On parle pas comme ça à sa sœur un Samedi saint!

ISABELLE. Avec qui tu sors là? Ah oui, monsieur le docteur Lemieux. Faut dire que, lui, des fesses, y doit en voir à journée longue. T'as laissé tomber le sergent Claveau pour un docteur! Tu commences à avoir d'la classe. T'as quasiment passé tout c'qu'y a de métiers à Saint-Ludger! Une belle famille! Un malade, une mongole pis une guedoune!

CATHERINE. Isabelle, viens icitte! (*Dangereusement douce.*) Qu'est-c'qui a, Isabelle? D'habitude t'es tellement fine, tellement délicate...

ISABELLE. ...Tellement innocente, tellement arriérée.

CATHERINE. Isabelle, Catherine va t'dire quecque chose, mais j'voudrais pas avoir à le répéter. Isabelle...

ISABELLE. Tes grandes phrases. Si t'es pas capable de faire tes cochonneries par toi-même, demande pas aux autres de se salir les mains à ta place! J'irai pas porter la valise, O.K.!

CATHERINE. Du respect! On est Samedi saint!

ISABELLE. T'es achalante avec ton carême! À part l'indigestion de jambon pis de chocolat qu'on va avoir demain, j'vois pas c'que ça change pour que, tout d'un coup, j'te parle avec respect!

CATHERINE. Va-tu falloir que je te rappelle tout c'que j'ai faite pour toi depuis la mort de meman? Ingrate!

ISABELLE, *blessée.* J'savais qu'on allait y arriver. «Ingrate.» Ça, force-toi pas pour m'expliquer c'que ça veut dire. J'ai toute une page de ce qu'y veut dire c'te maudit mot-là!

CATHERINE. J'voulais pas.

ISABELLE. J'étais trop loin pour une claque!

CATHERINE. Ça l'a sorti de moé sans que je le veuille.

ISABELLE. Y a ben des affaires qui sont sorties de toé sans que tu le veules. À chaque fois que quecque chose fait pas ton affaire, tu me ramènes c'te maudit mot-là, en te servant des restes de meman. (*Silence.*) Tu t'es trop servie du cadavre de not'mère, Catherine. C'est Pâques, demain. Le jour des résurrections.

CATHERINE. Que c'est que ça veut dire ça?

ISABELLE. Comme ça, y a personne qu'y est venu?

CATHERINE. Comme ça, tu y vas pas au comptoir populaire?

ISABELLE. Arrête de me répondre par des questions!

CATHERINE. Non, Isabelle, y a personne qui est venu. Sers-toi de ta tête! (*Silence.*) Tu y vas pas?

Catherine prend la valise.

ISABELLE. Reste! On va jouer aux cennes. On va avoir d'la visite!

CATHERINE. J'ai aut'chose à faire que de recevoir tes fantômes.

ISABELLE. C'est ça! Va porter le linge du fou aux pauvres pour être sûre qu'eux autres, y ayent l'air fou.

SCÈNE 2

LUC, *voix off.* Merci là!

LUC, *entrant vêtu de la jupe espagnole manquante.* Y sont donc gentlemen, les polices.

CATHERINE. Les polices!

LUC. Y viennent nous ouvrir la portière de la voiture, y nous aident à descendre.

CATHERINE. Que c'est que t'as encore faite? La porte!

LUC. Tu t'en vas en voyage, Catherine? Mets c'te valise-là à terre.

CATHERINE. Un gars qui s'habille avec les guenilles de sa mère, au village, y appellent ça une... On va essayer de passer sous silence la manière dont y appellent ça.

LUC. Je viens de te dire de mettre c'te valise-là à terre. Tu iras la reporter dans ma chambre. Essaie encore une fois de t'en débarrasser, j'te garantis de faire des choses encore plus laides que ce que je viens de faire au village.

CATHERINE, *à Isabelle.* Tu m'as dit qu'y était dans savane! Menteuse!

LUC. J'suis allé rendre visite à madame Tessier à son comptoir postal.

CATHERINE. J'te crois pas. C'était fermé aujourd'hui.

24

LUC. J'suis rentré par sa cuisine. En m'voyant, 'est devenue raide comme une barre de fer. «Madame Tessier, j'suis venu chercher le paquet que ma mère a oublié icitte y'a ben des années. Vous en souvenez-vous? J'étais avec elle. J'avais dix ans.»

ISABELLE. Que c'est qu'a-t'a répondu?

LUC. A m'a dit: «Ta mère est venue un Jeudi saint quand le comptoir était ouvert pis aujourd'hui, on est Samedi saint, ça fait que le comptoir est fermé.»

CATHERINE. A l'a ben faite de te répondre de même!

LUC. J'me suis raidi à mon tour pis j'y ai dit qu'elle allait devoir, malgré elle, faire un exception.

CATHERINE. Tu l'as pas menacée?

LUC. J'y ai dit que j'avais jamais brutalisé une femme mais que peut-être, malgré moi, j'allais faire une exception. 'Est devenue blanche comme une enveloppe pis a'm'a suivi dans l'arrière-boutique jusqu'au comptoir postal.

CATHERINE. Tu l'as menacée!

LUC. J'me suis accoté gracieusement au comptoir...

ISABELLE. «Gracieusement?»

LUC. Gracieusement, ça veut dire comment meman savait se comporter, avec élégance. «Madame Tessier, v'là vingt ans, meman est venue chercher un paquet qu'elle avait reçu de Québec.»

ISABELLE. C'était quoi le paquet?

LUC. Un dictionnaire d'espagnol.

CATHERINE. Isabelle a pas d'affaire à savoir ça!

LUC. Quand meman a demandé son paquet, madame Tessier l'avait déjà ouvert.

ISABELLE. À cause?

LUC. On était en temps de guerre pis comme on avait déjà hébergé un étranger chez nous, ça d'l'air que ça y donnait le droit d'ouvrir not'courrier. Elle a dit à meman qu'a lisait trop, que c'était pas bon de trop lire, que l'espagnol ç'avait d'l'air d'une ben belle langue, qu'a'connaissait juste le mot « corrida » mais qu'a'savait pas c'que ça voulait dire. Ça fait que meman a décidé d'y expliquer.

ISABELLE. Meman a expliqué ça à madame Tessier?

LUC. Ouais, pis comme 'est du genre à se parde dans une talle de bleuets, y'a fallu que meman y fasse un dessin.

CATHERINE. Du respect pour les aînées!

ISABELLE. Va donc faire cuire le jambon, Catherine!

LUC. Meman y'a expliqué qu'une corrida c'était comme si tout le monde de Saint-Ludger se ramassait à l'arena pour voir un cultivateur tuer son beu. A 'y 'a dit qu'au milieu de l'arena, y'avait le toréador, le toréador c'était comme si le cultivateur en question s'était habillé avec du tissu d'ameublement de salon. Au péril de sa patience, meman y'a expliqué, détails après détails, que le toréador agitait un espèce de grand rideau rouge, que ça s'appelait une muleta pis que ça, ça excitait le beu. Le beu s'élançait su'la muleta, y passait tout drette pis tout l'monde de Saint-Ludger criait « OLÉ ». Quand le beu avait passé tout drette des dizaines de fois pis qu'y était assez essoufflé pis que le monde était écœuré de crier « OLÉ », le toréador transperçait l'animal avec des grandes broches à tricoter!

ISABELLE. A'l'a dû rire, madame Tessier?

CATHERINE. Pantoute.

LUC. Y est monté plein de malices dans gorge pis a'les a crachées dans face à meman en y disant que ça prenait rien

26

qu'une femme de mauvaise vie qui couchait avec des importés pour aller crier « OLÉ » quand un cultivateur tuait son beu.

ISABELLE. A'l'a dit ça à meman?

CATHERINE. Maudits radotages!

LUC. Meman est revenue à maison en pleurant. J'marchais vite en arrière d'elle pis j'y disais : «Le paquet, meman! T'as oublié ton paquet».

ISABELLE. Pis tantôt, au comptoir postal, comment ç'a fini?

LUC. Après y'avoir rafraîchi la mémoire sur la scénette de la corrida, j'ai dit à madame Tessier que je partirais pas les mains vides. C'était le dictionnaire ou son chignon.

CATHERINE. D'autres menaces?

LUC. Ben après vingt ans, a' l'a sorti d'en dessous du comptoir, un p'tit livre plein de poussière. (*Luc sort de ses jupes le petit dictionnaire d'espagnol. Isabelle prend le livre.*) «Soyez à l'heure à soir, madame Tessier. C'est la veillée pascale. J'voudrais pas que vous manquiez la suite.»

CATHERINE. Pis après, comment c'qu'a l'a réagi?

LUC. A l'a eu une faiblesse mais y a resté assez de force pour appeler le sergent Claveau. C'est lui qui m'a «escorté» jusqu'icitte.

ISABELLE, *fouillant dans le dictionnaire d'espagnol.* C'est tellement beau quand tu parles, Luc.

CATHERINE. Que c'est que tu veux faire à la veillée pascale?

LUC. J'viens de le dire. La suite des événements.

CATHERINE. Tu t'es pas encore contenté? Aujourd'hui, madame Tessier. Hier, ta crise de larmes à l'épicerie parce qu'y avait rien pour faire une paella! Ça sert à rien de leux rappeler tout ça, Luc. C'est une histoire qui regarde pus personne. Ça fait vingt ans. Oublie!

LUC. Oublier? Oublier c'te race de sales-là qu'y ont traîné not'mère dans bouette?

CATHERINE. Quand meman est... morte, y ont tourné la page. Fais-en autant avec eux autres. Oublie!

LUC. Oublier! Je ne veux pas! Je ne peux pas, moi! J'ai besoin de faire chier les bonnes âmes qui se dévouent à te rappeler que t'étais un p'tit orphelin à qui y apportaient une boîte d'épicerie à Noël, des guenilles au printemps. J'veux leux rappeler leux responsabilité dans not' petit drame familial. Y sont là, présents, dans mon cerveau comme un gros caillot qui bloque mon imaginaire.

CATHERINE. Écris c'que tu leux ferais, c'est moins dangereux.

LUC. Mon écriture est trop précieuse pour parler d'une bande d'incultes. L'écriture, c'est d'aller plus loin. Tant que j'aurai pas réglé les comptes de meman avec eux autres, je serai jamais capable d'y rendre l'hommage que je lui dois.

CATHERINE. Y a tellement d'autres beaux sujets dont tu pourrais t'inspirer.

LUC. Ça m'tente pas de réécrire *Maria Chapdelaine* pour te faire plaisir, hostie!

CATHERINE. Un sacre durant le carême, c't'un sacrilège!

ISABELLE. T'es fatigante avec tes p'tites phrases courtes! Hostie! (*Silence*) C'est de ça que j'm'ennuyais. C'est tellement beau quand y fait une crise. (*Dictionnaire d'espagnol en main.*) C'est toujours « Inusitado » !

CATHERINE. Y faudrait que tu te reposes, Luc. T'es à bout de nerfs. (*Elle reprend la valise et se dirige vers la porte.*) Ça va finir par une dépression.

ISABELLE. Oùsque tu vas avec la valise ?

CATHERINE. Tu te souviens comment faire cuire le jambon ?

ISABELLE. J'haïs ça quand tu me réponds par une question !

CATHERINE. Je nous ai toujours sauvées, Isabelle.

LUC. La valise !

CATHERINE, *déposant la valise par terre.* J'vas aller nous excuser à madame Tessier. Pauv' vieille !

LUC. C'est ça, va t'excuser d'être ma sœur.

Catherine sort. On entend la voiture démarrer.

SCÈNE 3

Luc va chercher un manuscrit et écrit. Long silence.

ISABELLE. Ça t'a « inspiré » ta crise? (*Silence.*) Quand est-ce que j'vas pouvoir le lire, ton livre?

LUC. Bientôt!

ISABELLE. Tu-suite, O.K.?

LUC. Pas tout de suite. Bientôt!

Silence.

ISABELLE. Veux-tu regarder mon cahier de mots? (*Silence.*) Pour corriger mes fautes? (*Elle lui remet son cahier de mots.*)

LUC, *lisant.* T'écris encore au son? « inusité », c'est pas un « z », c'est un « s ». « Délivrer » apporter l'épicerie chez les gens?

ISABELLE. C'est Lionel Fraser qu'y a dit ça quand j'ai acheté le jambon. Y m'a dit : « Veux-tu que je délivre chez vous? »

LUC. C'est « livrer » l'épicerie, pas « délivrer ». Isabelle, fais attention à qui tu demandes c'que les mots veulent dire.

Elle lui arrache son cahier des mains.

ISABELLE. J'suis mongole, c'est ça que tu penses toi aussi, hein?

LUC. Dis pas ça! (*Doucement.*) «Délivrer», c'est un mot aussi. Ça veut dire sortir quelqu'un d'un endroit, d'une situation désagréable.

ISABELLE. Lundi, on va partir toué deux à Montréal.

LUC. Redonne-moi ton cahier. J'ai pas fini de corriger tes mots.

ISABELLE. Lundi, tu vas m'amener avec toi.

LUC. Donne-moi ton cahier!

ISABELLE. Si tu me dis «oui» pour lundi!

LUC. Lundi, c'est dans deux jours. Y a l'temps de se passer ben des affaires d'ici là.

ISABELLE. Quand tu m'écris des grandes lettres d'amour de Montréal, c'est des grandes lettres imaginaires, hein? J'te dis que t'en gaspilles du papier avec moi.

LUC. Dis pas ça!

ISABELLE. Moi, j't'ai écrit parce que je m'ennuyais de toi pis que j'voulais que tu reviennes icitte. Pis t'es revenu rien que pour faire suer le village. Pas pour moi, pas pour me «délivrer»!

LUC. Dis pas ça, Zabelle. (*Il la prend dans ses bras.*) Luc, y t'aime gros comme les barrages de la rivière Péribonka! C'est gros ça, hein?

ISABELLE. Lâche-moi! J'ai plus sept ans. Tu vas m'amener avec toi, hein? Rien qu'une semaine?

LUC. Meman, à soir, a va aller à la veillée pascale. A va monter au jubé. A va pitcher madame Claveau en bas de son banc d'orgue pis là. (*Chantant.*) «Una canción me recuerda a aquel ayer.»

ISABELLE. Tu vas m'amener avec toi, à Montréal!

LUC. « Cuando se marchó en silencio un atardecer. Se fue con su canto triste a otro lagar... »

ISABELLE. C'est la taxi de monsieur Savard. Luc, cache-toi.

LUC. À cause ?

ISABELLE. On va faire une surprise à Martine !

LUC. Martine ?

ISABELLE. Je l'ai appelée en Allemagne hier pour qu'a vienne icitte.

LUC. À cause ?

ISABELLE. Va te cacher, tu vas le savoir plus tard. (*Luc se cache. Isabelle chante.*)

> *Le soir, ma mère me chantait quand j'étais enfant,*
> *l'histoire d'un bateau perdu et d'un oiseau blanc.*
> *Un jour, le bateau s'en va droit vers l'océan,*
> *et seule, le cœur plein d'espoir, une fille attend...*

SCÈNE 4

Martine entre avec ses valises. Exténuée.

MARTINE. La chanson de meman. *(Serrant la main d'Isabelle.)* Isabelle!

ISABELLE. Martine!

MARTINE. C'est platte de se revoir dans des moments aussi tristes. *(Elle prend Isabelle dans ses bras.)*

ISABELLE. C'est assez, Martine. Tu peux me lâcher. Catherine veut pas que tu me prennes trop longtemps dans tes bras. A dit que deux femmes qui se minouchent, c'est pas normal.

MARTINE, *se dégageant.* Dans l'taxi, monsieur Savard le savait même pas!

ISABELLE. Tu l'as dit à monsieur Savard?

MARTINE. Oui.

ISABELLE. C'était pas prévu, ça. *(Mentant.)* Y voulait pas que ça se sache. Y a écrit ça... dans son testament.

MARTINE. Y est mort comment?

ISABELLE. Le docteur Lemieux le sait pas encore. C'est le nouveau chum à Catherine, le docteur Lemieux.

MARTINE. Une maladie? Un accident?... Un suicide?

ISABELLE. Catherine veut pas qu'on dise des mots comme ça dans maison.

MARTINE. Pourquoi c'est le docteur Lemieux qui s'est occupé de lui? Y était pas à Montréal? Y était en visite ici?

ISABELLE. C'est ça.

MARTINE. J'ai pris l'avion à Stuttgart, hier après-midi. J'ai pas pu dormir. Sais-tu quelle heure qu'il est en Allemagne en ce moment?

ISABELLE. J'ai déjà assez de misère avec l'heure d'icitte.

MARTINE, *après un moment.* Y est exposé à la sacristie ou à l'école?

ISABELLE. Y voulait pas être exposé.

MARTINE, *sceptique devant les réponses d'Isabelle.* Oùsqu'est Catherine?

ISABELLE. Si t'avais été à l'heure, tu l'aurais vue. T'avais dit cinq heures!

MARTINE. J'ai une demi-heure de retard sur un voyage de vingt heures. Pis l'autobus Alma-Saint-Ludger de Milot, c'est pas c'qu'y a de plus fiable, pis les taxis sont un peu rares ici.

ISABELLE. C'est quand même tannant pour le monde qu'y organise des affaires!

MARTINE. Comment ça se fait que Catherine est pas venue me chercher à l'autobus?

ISABELLE. A s'occupe des funérailles pour demain.

MARTINE. J'va aller prendre un bain.

ISABELLE. Martine, tu l'aimais, Luc?

MARTINE. Je sais que tu as toujours eu une grande admiration pour lui. Moi, je l'ai toujours trouvé un peu étrange.

ISABELLE. Tu pourrais attendre qu'y refroidisse avant de cracher d'sus.

MARTINE. Écoute, tu dois avoir l'âge de comprendre que c'est pas parce que c'était mon frère que j'étais obligée de l'aimer.

ISABELLE. J'suis trop innocente pour comprendre des affaires comme ca.

MARTINE. Disons que je l'ai jamais considéré comme essentiel à ma vie.

ISABELLE. Qu'est-ce que ça veut dire « essentiel » ?

MARTINE. Quelque chose de nécessaire, quelque chose d'important...

ISABELLE. « Essentiel ». (*Inscrivant le mot dans son cahier.*) C'est mon cahier de mots. J'trouve que j'en ai pas assez. J'essaye de me servir de chaque mot nouveau, une fois par jour. (*Temps.*) La guerre, là-bas, ça va bien ?

MARTINE, *esquissant un sourire.* Y'a pas de guerre où je suis.

ISABELLE. D'habitude, on envoye les soldats oùsqu'y a la guerre.

MARTINE. Baden-Solingen, c'est une base stratégique.

ISABELLE. Ça veut dire quoi, « stratégique » ?

MARTINE. Isabelle, j'ai pas la force de t'expliquer tous les mots que j'emploie.

ISABELLE. Tu pourrais te forcer ! Ça fait quatre ans que je t'ai pas vue.

MARTINE. J'suis fatiguée. (*Conciliante.*) Pis toi, y doit certainement y avoir un gars qui tourne autour de toi ?

ISABELLE. Rien que quand je joue à chaise musicale! (*Silence.*) J'ai d'aut'chose à régler avant de penser aux gars.

MARTINE. Ça me tente pas beaucoup d'être ici. C'est macabre.

ISABELLE. «Macabre»?

MARTINE. Ça veut dire, «qui a rapport avec la mort», «quelque chose de triste... de noir». Tu l'écris pas dans ton cahier?

ISABELLE. C'est pas un beau mot. J'aime rien que les mots qui sont joyeux, les mots qui sont «grandioses», «splendides», «en... thou... siasmants».

SCÈNE 5

CATHERINE, *entrant.* La porte grande ouverte! Envoye, Catherine, paye le chauffage! (*Elle referme la porte.*) Madame Tessier a pas voulu m'ouvrir! J'ai croisé le taxi de monsieur Savard... (*Se retournant. Face à Martine.*) Martine? (*Peu enthousiaste.*) La belle surprise! (*Martine veut la prendre dans ses bras.*) Excuse-moi, j'ai jamais été forte des minouchages.

MARTINE. C'est dommage!

CATHERINE. Comme ça t'es venue passer Pâques avec nous autres. T'aurais dû m'avertir.

MARTINE. T'es devenue cynique avec le temps? Si dans des moments aussi tragiques t'es pas capable d'émotions, t'es encore plus froide que je le pensais.

CATHERINE. Qu'est-ce qu'y a de tragique?

MARTINE. La mort te touche plus?

CATHERINE. Mon Dieu, t'es-tu rendue plus catholique que le pape? Y est mort hier à trois heures pis y va ressusciter demain, comme à chaque Pâques.

MARTINE. De qui tu parles?

SCÈNE 6

Luc apparaît.

LUC. Comme ça, t'as traversé l'océan pour venir pleurer sur ma tombe?

MARTINE. Une farce?

LUC. J't'reconnais bien là: la spécialiste des viandes froides.

MARTINE. Une farce! Vous m'avez faite traverser l'océan pour une farce?

CATHERINE. J'aimerais savoir qu'est-ce qui se passe?

MARTINE. Isabelle m'a appelée en Allemagne, hier, pour que j'vienne aux funérailles de Luc.

ISABELLE. J'm'ennuyais!

MARTINE. Le trou noir que je vis depuis vingt-quatre heures, c'est une farce. Je me suis culpabilisée sur tout c'qu'on a pu vivre ensemble. «Culpabiliser», note-le, Isabelle, c'est pas un beau mot, mais y risque de t'être utile dans n'importe quelle langue. Ça veut dire se faire du remords, du sang de cochon...

ISABELLE. «Culpabiliser», «er»?

MARTINE. Achetez-y un dictionnaire, tabarnac!

LUC. Pis la guerre ? Vas-tu finir par revenir à Saint-Ludger avec une tête de Russe en guise de panache sur le top de ton char d'assaut ?

MARTINE. J'm'étais juré de pas jamais revenir ici !

CATHERINE. Y a personne de normal dans famille pis y faut vivre avec ça.

ISABELLE. Catherine, a dit que j'ai un problème de comportement.

LUC. T'as bien faite de mettre ton costume de soldat, on va pouvoir jouer à papa-maman.

MARTINE. Je jouerai plus à ça, Luc ! Allez-vous finir par vieillir ?

CATHERINE. Y'a tellement longtemps qu'on a pas été tous les quatre ensemble. Prendriez-vous quelque chose ?

MARTINE. Envoyez ! Sortez les albums-photos ! On va essayer de rire de c'qu'on avait d'l'air dans l'temps ! Ça fait longtemps que j'ai découvert qu'y avait d'aut' plaisir dans vie que les p'tites veillées en famille. Quand on quitte la maison, c'est pour aller vers l'avenir, pis la famille c'est rien que du passé. Les seuls moments d'intensité qu'y nous reste à vivre ensemble, c'est quand on ferme le couvert d'une tombe. J'viens d'en manquer un aujourd'hui.

LUC. T'es pas contente de m'savoir vivant ?

MARTINE. J'ai fermé ta tombe dans l'avion en m'en venant pis ça m'a soulagée.

CATHERINE. C'est épouvantable de parler comme ça.

MARTINE. J'pensais que j'allais arrêter de m'inquiéter de Catherine qu'y a passé son temps à subir tes humeurs, tes états d'âme, tes problèmes financiers.

CATHERINE. Mêle-toi donc de tes affaires, Martine.

MARTINE. A l'a vendu les terres, l'étable, le chalet pour financer les inspirations du mâle de la famille. A s'est hypothéquée jusqu'au cou pour que Monsieur vive des expériences en Europe, pour que Monsieur réalise son rêve; écrire! Écrire un livre dont on a jamais lu une ligne.

LUC. Un vrai p'tit soldat! Tes ennemis, tu les aimes mieux morts.

ISABELLE, *enjouée.* Moé, j'ai jamais vu personne dire des belles bêtises comme Martine.

MARTINE. Isabelle, si Catherine a pas réussi à t'apprendre à vivre, j'm'en vas le faire. Y a d'autres façons de faire savoir à sa sœur qu'on l'aime pis qu'on s'ennuie d'elle.

LUC. T'as des problèmes d'argent, Catherine?

CATHERINE. C'est Martine qu'y a dit ça.

LUC. Mais c'est vrai!

CATHERINE. C'est personnel! Pis c'qu'y m'est personnel regarde personne d'autre que moi. Isabelle, viens icitte. (*Isabelle s'approche d'elle.*) J'te suggère de te trouver un moyen pour te faire pardonner par Martine.

ISABELLE. À cause?

CATHERINE, *la giflant.* Ingrate!

ISABELLE. Ingrate! Vous vous êtes trop servis du cadavre de meman. Vous vous en êtes trop servis. Assez pour que les vers ayent rien à manger. Juste assez pour qu'a décide de se relever tout entière de sa tombe pis qu'a revienne faire le ménage icitte. C'est Pâques demain, le jour de la résurrection.

Isabelle sort.

SCÈNE 7

CATHERINE. Ta porte, Isabelle! (*Refermant la porte.*) Pauvre enfant!

MARTINE. Branche-toi : plains-la ou ben fesse-la!

CATHERINE. Si j'fais ça, c'est parce que je l'aime.

MARTINE. Disons que t'as le cœur su'a main.

LUC. A l'a jamais su comment s'y prendre avec elle.

MARTINE. A peut pas te considérer comme une réussite, toi non plus.

LUC. Toi, mon hostie de grande Tom Boy, si tu te la farmes pas...

CATHERINE. Luc, commence donc par enlever ta jupe espagnole!

LUC. C'est Federico qui l'a donnée à meman.

CATHERINE. Arrête de parler de meman.

LUC. Federico y'en avait donné une valise pleine.

CATHERINE, *à Martine.* Depuis qu'y est revenu, j'garantis pus rien de mes actes.

LUC. A l'était tellement belle dans cette jupe-là.

CATHERINE. Depuis qu'y est revenu, j'ai perdu le contrôle sur la p'tite. Y a des fois, j'la battrais, j'la battrais, jusqu'à c'qu'on oublie toute, toute, toute c'qu'on y a faite! Oui, c'est vrai. J'me suis endettée jusqu'au cou à cause de toi. Cette année, pour arriver, j'enseigne en première année pis en deuxième. Quand y m'reste du temps, j'fais d'la suppléance en cinquième. C'est pas pour ton écriture que j't'ai donné c't'argent-là. J't'ai donné toute c't'argent-là pour que tu soyes loin d'Isabelle pis que t'arrêtes d'y mettre des idées dans tête. J'suis prête à enseigner la gymnastique pour que tu sacres ton camp, une fois pour toutes. Pis fais-toi pas d'idées, tu l'amèneras pas à Montréal! (*Silence. À Martine.*) Depuis quecque temps, a l'est tellement différente. Tu l'as vue tantôt. A dit que meman va se relever de sa tombe, qu'a va revenir, qu'a va ressusciter le jour de Pâques. Moi, quand j'sais pu quoi inventer pour nous défendre, j'fesse.

MARTINE. Arrête de t'en faire. C'est correct c'qu'on y a dit. On était des enfants.

CATHERINE. A faisait tellement pitié dans l'coin de sa chambre, à noirceur, hein? Pis a répétait: «Quand est-ce qu'a va revenir? Quand est-ce? C'est trop long son voyage en Espagne. C'est trop long.»

MARTINE. A venait de passer deux jours sans manger. Pis nous autres, on était rien qu'un gros paquet de larmes qui se retenait. Pis a répétait: «Quand est-ce qu'a va revenir meman? Quand est-ce?» Pis la lettre est arrivée.

LUC. «Mes enfants, j'ai demandé à une copine de voyage qui revenait plus tôt de vous poster de Québec cette lettre pour qu'elle vous parvienne plus vite. Je suis partie pour toujours. Je suis partie retrouver Federico. Ne me cherchez pas...»

MARTINE. «...N'essayez pas de me retrouver...»

CATHERINE. «... Un jour, peut-être vous comprendrez. *Adios!*»

LUC. «*Adios!*»

MARTINE. « *Adios!* » (*Silence.*) C'est beau de nous voir. On est capables de s'attendrir rien que quand on joue c'te maudite histoire-là. Des vautours qui se nourrissent de charogne!

CATHERINE. Oui, ça attendrit. (*Silence.*) Ça va bien en Allemagne?

MARTINE. Très bien! (*Silence.*) T'as-tu fini ton livre?

LUC. Ça s'en vient! (*Martine se met à rire étrangement.*) Qu'est-ce qu'y a?

MARTINE, *riant.* Excusez-moi! J'arrête pas de t'voir dans ta tombe.

Ils rient, épuisés de leurs querelles.

CATHERINE. J'sors avec le docteur Lemieux ast'heure.

MARTINE. Veux-tu savoir avec qui j'sors?

Silence.

LUC. J'étais content de te voir tantôt, Martine. Y fallait que je te butte, que j't'attaque mais j'étais content.

CATHERINE. Moé aussi, j'suis contente de te revoir.

Elle lui ouvre les bras.

MARTINE, *qui ne bouge pas.* Comment tu te sens quand on te refuse?

CATHERINE. On s'attendrit pas longtemps avec toi!

MARTINE. J'm'imaginais que tu y avais dit! C'était ta responsabilité de tutrice!

LUC. Ça l'a toujours arrangée qu'a l'sache pas. Notre grande sœur a toujours pu prendre son rôle de mère au sérieux sans que la p'tite se dise que sa vraie mère pouvait revenir la chercher.

CATHERINE. Y a des torchons dans cuisine, t'essuieras tes vomissures.

MARTINE. J'm'imaginais que c'était plus l'enfant de la pitié, la p'tite mongole du village. J'pensais même qu'a l'avait rencontré un gars.

CATHERINE. Comme si un gars c'est la seule solution aux problèmes d'une femme. Ça prend rien qu'une «femme à femme» pour dire quecque chose comme ça.

MARTINE. T'as trop avalé de sable d'la savane, toi. T'as la bouche sèche d'une vieille fille.

LUC. Ouais, on va avoir besoin du torchon. *Welcome to Saint-Ludger de Milot!* Joli petit patelin de sept cents âmes, communément appelé «le cul-de-sac».

CATHERINE. Faut-tu dire la vérité à une femme de vingt-sept ans qui agit comme une enfant de onze ans qui pique des crises qu'on peut pas contrôler? Y faut-tu s'excuser de s'être dévouée pendant vingt ans à y laisser croire que sa mère était morte en Espagne? Y faut-tu y avouer qu'est encore vivante pis qu'a nous a tout simplement abandonnés? «Cherchez-moi pas. Cherchez-moi jamais. Un jour plus tard vous comprendrez peut être.» Ben le jour oùsque je comprendrai pourquoi une mère abandonne ses enfants, j'y expliquerai.

MARTINE. J'aurai pas faite le voyage pour rien. Ça vous prend encore un soldat pour aller au front, vous l'avez. J'ai une formation pour ramasser la marde des autres sans me poser de question. V'là vingt ans, c'est moé qui a eu la mission d'y dire la belle menterie qu'on avait inventée. Ça va me faire un grand plaisir d'y dire la vérité ast'heure. Après ça, demandez-moi jamais de revenir icitte. J'vas m'faire un devoir d'oublier jusqu'à vos noms. (*Appelant à l'extérieur.*) Isabelle!

CATHERINE. C'qu'on sait pas nous fait pas mal!

SCÈNE 8

Isabelle entre avec des chardons.

CATHERINE. Ta porte, Isabelle!

Catherine va refermer la porte. Isabelle remet les chardons à Martine.

MARTINE. Merci, Isabelle. J'te pardonne.

ISABELLE. J'ai jamais dit que j'm'excusais. Tu mettras les «toks» dans l'eau, c'est pas pour toi.

MARTINE. Isabelle...

ISABELLE. Que c'est que ça veut dire, «stratégique»?

MARTINE. Ça veut dire qui fait partie d'une stratégie, d'un plan.

ISABELLE. Comme toi. (*Silence.*) Comme ça, tu trouves ça dur à avaler, Martine, quecqu'un qu'y est supposé être mort, pis qui l'est pas? V'là ben des années, c'est toé qu'y est venue me dire dans ma chambre que meman était morte en Espagne? Vous étiez toué trois là avec la même face de carême. V'là un mois, y a une madame qui a téléphoné icitte. Une madame qui parlait très bien avec plein de beaux mots français. J'les connaissais pas toutes. A s'est informé de nous autres. J'y ai dit que Catherine était maîtresse d'école pis qu'a sortait avec un docteur, que Martine était capitaine dans l'armée en Allemagne, que Luc allait sortir un livre pis que moi, j'étais rien que la niaiseuse

45

qui s'occupait d'la barrière pour enregistrer les vans qui montent dans le parc des Passes-Dangereuses.

LUC. Meman a appelé ici?

ISABELLE. J'me suis aperçue que j'étais rien parce que moi, j'ai pas eu la chance d'espérer rendre des comptes un jour à une madame comme ça. J'ai jamais pensé que les morts pouvaient revenir sua terre.

MARTINE. A l'en invente encore?

CATHERINE. Non, j'la connais quand a l'en invente.

ISABELLE, *ébranlée*. Comment pensez-vous qu'on réagit en parlant au téléphone avec sa mère qu'y est morte depuis vingt ans pis qu'on est même pas capable de comprendre toué mots? Hein? J'suis sûre qu'y existe pas un mot dans tous les dictionnaires de l'univers pour dire comment qu'on se sent! A l'était déçue de moi. Comprenez-vous ça? A l'était déçue parce que j'avais rien à raconter. Parce que j'avais pas «émancipé», c'est ça qu'a l'a dit: «émancipé». Pis Catherine a dit que «émanciper» ça veut dire «grandir». A m'a demandé de vous ramasser icitte. Les «toks», c'est pour meman. A l'arrive demain pis j'ai pas eu l'temps d'apprendre assez de beaux mots.

MARTINE. Meman va être ici demain?

CATHERINE. A t'a-tu dit pourquoi c'qu'a revenait?

ISABELLE. Non! Pis moé, j'essaye encore de comprendre pourquoi c'qu'a l'est partie. J'suis en retard!

MARTINE. Meman va être ici demain?

LUC. A va être ici demain.

Le téléphone sonne quatre coups. Catherine va répondre.

CATHERINE, *au téléphone.* Allô... une minute. C'est madame Talbot. A veut savoir c'est à quelle heure les funérailles de Luc. Qui c'est qui y répond?

LUC, *prenant l'appareil.* Madame Talbot? C'est Jacqueline Tanguay à l'acoustique! J'arrive demain!

DEUXIÈME ACTE

SCÈNE 1

Samedi saint. Le soir.

Isabelle entre du dehors avec des couronnes mortuaires. Elle en dispose quelques-unes dans la salle commune. Catherine entre. Elle tient un paquet. Elle aperçoit les fleurs.

ISABELLE. C'est pour Luc. Y savaient pas où les « livrer ». Y les ont laissées sua galerie. Y'ont toujours aussi peur d'entrer icitte d'dans. C'est macabre, hein? Celle-là, c'est les madames de la bibliothèque. Celle-là, c'est le Comité des loisirs de Saint-Ludger. J'en ai mis une dans ta chambre. C'est celle de tes chums de l'école. (*Silence.*) Laisse la porte ouverte! S'il vous plaît.

Catherine laisse la porte ouverte.

CATHERINE. J'aime pas ça entendre le vent se lamenter dans savane.

ISABELLE. Quand la neige fondait pis qui commençait à faire chaud, Federico y demandait qu'on laisse la porte ouverte. Y s'assisait sua galerie pis y chantait des chansons avec sa guitare. Y disait que chez eux, dans son pays, les portes sont toujours ouvertes. Ça fait circuler l'air pis ça chasse les mauvaises pensées. C'est une affaire que je me souviens de lui.

CATHERINE, *refermant la porte.* Moi, j'me rappelle qui nous a fait geler. Oùsque sont les autres?

ISABELLE. Y sont dans leux chambres. Martine a dit qu'a l'avait de la misère avec le «décollage horaire»! (*Catherine sourit.*) Là, y doivent être en train de réfléchir à c'qu'y vont dire à meman.

Catherine s'allume une cigarette.

ISABELLE. Depuis quand tu fumes?

CATHERINE. Ça fait longtemps. J'trouvais que c'était pas un exemple à te donner.

ISABELLE. Donne-moé z'en une! (*Elle lui en offre une.*) À barrière, les gars, y fument rien que des Export A. (*Isabelle allume sa cigarette.*) J'aime ça les menthols. T'as-tu réfléchi à c'que tu vas y dire, toi?

CATHERINE. Pauvre madame Tessier, a l'a eu des palpitations au cœur après avoir écouté la p'tite scénette sur la corrida.

ISABELLE. T'es allée montrer tes fesses au docteur?

CATHERINE, *étonnamment complice.* Oui. J'avais besoin de réconfort.

ISABELLE. «Réconfort?» Laisse faire. J'suis fatiguée de demander c'que les mots veulent dire. De toute façon, sua quantité qu'y m'manque, un de plus ou un de moins, a va ben s'apercevoir que j'suis rien qu'une débile.

CATHERINE. Parle pas comme ça, ma chouette?

ISABELLE. «Ma chouette?» Ça, dans ta bouche, j'aimerais ben savoir c'que ça veut dire?

CATHERINE. Ça veut dire c'que ça veut dire. Une gentillesse. Veux-tu que je t'apporte une bière?

ISABELLE. Deux gentillesses en l'espace d'une phrase. «Y a une anguille en d'sous d'la roche.» On est pas supposé boire durant le carême.

CATHERINE. Tu sais, des fois, on est capable de négocier avec le bon Dieu! (*Silence.*) Isabelle, j'vas te dire quecque chose, mais fais-moi pas répéter.

ISABELLE. Ça y est. Une grande phrase!

CATHERINE. J'veux t'dire que j't'aime, Isabelle. T'es ma p'tite fille. (*Elle lui offre un paquet.*) Tiens, un cadeau de Pâques.

Isabelle ouvre le paquet.

ISABELLE. Un dictionnaire français!

CATHERINE. J'suis passée à l'école tantôt. J'ai les clefs. (*Fière.*) Je l'ai volé. Avec les noms communs pis les noms propres.

ISABELLE, *ouvrant le dictionnaire.* Y a tellement de mots, par où j'vas commencer?

CATHERINE. «Réconciliation», peut-être par le mot «réconciliation».

ISABELLE, *refermant le dictionnaire.* T'as jamais été bonne aux cennes. T'as l'don de montrer ton jeu trop vite. C'est pas en une nuitte que t'as le temps de te racheter.

CATHERINE. J't'aime!

ISABELLE. T'as eu ben des années pour le montrer. Mais à place, tu m'a traitée de toué noms, tu m'as interdit de faire tout ce que je voulais, tu m'as jamais donné une cenne pis du moment que j'en ai eu, tu m'as chargé pension. Tas jamais aidé «ta fille» à s'comporter comme une femme, pis quand a l'essayait, tu riais d'elle. Faut-tu que j'te rappelle, vlà deux mois et demi, le soir oùsque t'a envoyé ton ancien chum police, le sergent Claveau, après moi?

CATHERINE. Un *trucker*! Tu te rendais pas compte du danger.

ISABELLE. Que ça soye un *trucker* ou ben un docteur, j'vois pas oùsqu'y est le danger quand t'as du plaisir avec lui. J'ai eu du fun avec mon trucker pis ta police est peut-être arrivée trop tard.

CATHERINE. C'est mon devoir de te protéger.

ISABELLE. Demain, tu vas avoir des comptes à rendre à meman.

CATHERINE, *après un moment.* C'est quoi l'adresse à Montréal que le docteur Lemieux veut te donner?

ISABELLE. Y avait pas d'affaire à te parler de ça, lui!

CATHERINE. C'est quoi? Pourquoi tu veux aller à Montréal?

Luc entre. Il est vêtu de nouveaux vêtements féminins espagnols.

LUC. Donne-moi les clefs du char!

CATHERINE. Oùsque tu vas arrangé d'même?

LUC. À l'église.

CATHERINE. Moi vivante, tu sors pus d'icitte habillé comme ça!

Elle se précipite devant la porte.

LUC. Les clefs du char!

CATHERINE. Jamais!

ISABELLE, *parlant de la jupe espagnole.* T'as choisi la plus belle!

CATHERINE. Dans maison ça me dérange pas; mais pas à la veillée pascale.

LUC. Isabelle, oùsque Catherine cache les clefs du char?

CATHERINE. Meman va être icitte demain.

LUC. Y faut que tout le monde ait payé pour c'qui y'ont fait!

CATHERINE. Tu l'as assez vengée!

LUC. Les clefs, Isabelle!

CATHERINE. Isabelle, j'te promets l'enfer si tu y dis où sont les clefs!

LUC. Correct! J'y vas à pied.

CATHERINE. Martine! Martine, vient m'aider!

ISABELLE, *à Luc.* Quand meman va être icitte, demain, que c'est que tu vas y dire?

CATHERINE. Y veut aller au village attriqué comme ça.

MARTINE. J'suis pas le bouncer de la famille.

CATHERINE. Empêche-le!

MARTINE. Qu'y aille, j'm'en sacre.

ISABELLE. C'est quoi que tu vas y dire?

CATHERINE. Y vont te massacrer.

ISABELLE. Luc, c'est quoi que tu vas y dire, demain?

CATHERINE, *lui remettant les clefs.* Pis vas-y! Vas-y te faire massacrer!

ISABELLE. Luc, réponds!

CATHERINE. Vas-y!

ISABELLE. Luc!

CATHERINE. On a déjà les couronnes pour ta tombe.

ISABELLE. Que c'est que tu vas dire à meman, demain?

LUC, *à Isabelle.* T'as-tu fini avec tes questions de débile?

MARTINE. Luc!

Silence.

LUC. C'est pas ça! R'garde-moi, Belle. C'est pas ce que je voulais dire.

ISABELLE. Mais tu l'as dit. Tu l'as dit ce que tout le monde pense. Tu l'as dit : débile.

LUC. J'me sens ridicule. (*Il enlève quelques accessoires espagnols.*) Si tu m'aimes, tu vas me regarder. (*Elle le regarde.*) J'm'excuse. T'entends-tu ? Tu me pardonnes ?

Temps.

ISABELLE. Que c'est que tu vas y dire à meman, demain ?

LUC. J'va y donner mon livre.

ISABELLE. C'est vrai ?

CATHERINE. Tu l'as fini ?

LUC. Oui.

ISABELLE. Tu peux-tu nous en lire un boutte à soir ?

LUC. Y faut que j'aille à l'église.

CATHERINE. Ça nous ferait plaisir si tu nous en lisais un bout... Icitte... dans maison... Hein, Martine ?

MARTINE. C'est ça.

LUC. J'ai la veillée pascale !

ISABELLE. Ça dure quatre heures. Tu iras plus tard.

MARTINE. Ça existe c'te livre-là ? (*Luc s'apprête à sortir.*) Du vent ! Ton livre, c'est du vent.

LUC. Bougez pas !

Il va chercher son manuscrit.

CATHERINE, *à Isabelle.* Merci, ma chouette.

ISABELLE. À cause ?

CATHERINE. Y va rester à maison.

ISABELLE. J'me suis pas faite traiter de débile pour te faire plaisir.

MARTINE. Le livre de Luc, meman qui revient; finalement, j'aurais pas fait le voyage pour rien.

CATHERINE. Installez-vous! Voudriez-vous du pop-corn?

ISABELLE. Oui.

MARTINE. Pas trop de beurre.

ISABELLE. Écoute-la pas.

MARTINE. Fais-le pas brûler!

LUC, *calmement.* Laissez faire le pop-corn!

MARTINE. T'as-tu d'la bière?

CATHERINE. Frette ou tablette?

MARTINE. Tablette.

ISABELLE. Frette.

LUC. Avez-vous fini de vous énerver? C'est pas une séance de p'tites vues; c'est l'œuvre de ma vie.

MARTINE, *ironique.* Oh! Excuse-nous.

ISABELLE. C'est beau c'qu'y vient de dire.

Isabelle s'installe avec son p'tit cahier de mots et son dictionnaire sur ses genoux.

CATHERINE. Vas-y mon Luc, on t'écoute.

LUC, *lisant.* «Correspondance d'une reine d'Espagne à son fils bien-aimé».

ISABELLE. Ton titre est plus long qu'hier.

LUC, *lisant.* «Cher lecteur. Vous trouverez dans ce livre les lettres qui trahissent tous les silences de ma mère. Silences dans lesquels elle enfouissait ses désirs inassouvis, ses rêves avortés. J'ai eu la mission de les écrire. Je me suis inspiré de sa vie. J'ai charcuté sa mémoire, j'ai épié son destin. Je l'ai transformée, je l'ai adulée, magnifiée. J'ai fait de sa vie, mon œuvre libératrice. PROLOGUE. »

ISABELLE. Que c'est que ça veut dire, « prologue » ?

CATHERINE. Écris-le. Tu le chercheras plus tard.

ISABELLE. Ça me prend « le contexte » !

CATHERINE, *exaspérée.* Isabelle ! (*Silence.*) Vas-y, mon Luc, on t'écoute.

LUC, *lisant.* « Première lettre du Canada. 20 janvier 1944. Cher fils. Cette nuit, dans la savane, le vent a cristallisé la neige en vagues inertes comme une mer dont le ressac se serait brutalement arrêté. Deux cavaliers sur des montures noires apparaissent sur cet océan hors du temps. Je reconnais mon mari, mon devoir. Et il y a l'autre, l'inconnu, le mystère. En posant son regard sur moi, l'étranger dit : *Buenas tardes, señorita.* Il m'aurait parlé d'amour et je n'aurais pas été aussi confuse. J'ai baissé les yeux. Grâce à lui, la statuette du matador espagnol, souvenir de voyage qu'une cousine m'offrit un jour en cadeau, s'est mystérieusement animée. Federico Rosas vivra chez nous durant la construction des barrages sur la rivière Péribonka. Je t'embrasse, maman. 11 mai 1944. Cher Luc. Le printemps est de retour... le sable aussi. Voilà plus de trois mois que Federico fait partie de la famille. Isabelle s'amuse beaucoup avec lui. Catherine se fait coquette pour lui, Martine me fuit à cause de lui. Et toi, tu poses des questions gênantes à table. »

MARTINE. « À cause meman que tu vas à pêche rien qu'avec Federico ?
À cause que tu fermes les portes du grand salon, le soir ?
À cause que pepa couche dans le grenier ? »

LUC, *lisant.* «Federico parle de mieux en mieux français. Il a un cahier où il écrit les mots qu'il apprend.»

ISABELLE. Comme moi.

LUC, *lisant.* «Hier, j'ai joué de l'orgue aux trois messes. Le curé a refait trois fois le même sermon; apprendre la langue de l'étranger, c'est vouer son âme au diable.»

MARTINE. Avance dans l'temps. On connaît tout ça.

ISABELLE. C'est plus beau quand c'est écrit.

LUC, *lisant.* «Hier, Catherine est allée prendre une marche avec Federico. Depuis, elle a cessé d'être coquette et elle ne me parle plus.»

ISABELLE. Que c'est que vous vous êtes dit en prenant une marche?

CATHERINE. Ça fait tellement longtemps. J'm'en rappelle plus.

ISABELLE. Tu y as-tu parlé de tes fesses?

CATHERINE. J'te ferai remarquer que t'as pas encore eu ton quota de claques, aujourd'hui.

LUC, *lisant.* «La nuit, il y a l'odeur de sa peau, le goût de ses lèvres. Je me bats contre mon désir, contre son désir...»

CATHERINE. Luc, laisse faire les détails.

ISABELLE. Prends donc une bière, Catherine.

LUC, *lisant.* «À l'église, madame Claveau me remplace de plus en plus souvent à l'orgue. Le curé me réserve les anniversaires de mariage et les baptêmes. Il radote sur l'innocence des enfants et le devoir des parents. Catherine s'occupe de plus en plus d'Isabelle comme si elle cherchait à l'éloigner de moi. Martine fait maintenant partie des cadets. Elle s'absente toutes les fins de semaines pour ses entraînements. Et toi, tu m'espionnes. Tu scrutes mes moindres gestes. Ta mère qui t'aime. 3 mai 1944. Cher fils. Hier, nous sommes allés à la fête de l'orgue. »

ISABELLE. « La fête de l'orgue! »

LUC, *lisant.* « Les marguilliers ont organisé une fête dans la salle des Chevaliers de Colomb pour acheter un nouvel orgue à l'église... » (*Jouant sa mère.*) « On veut que j'interprète quelque chose à la fête. Je ne sais pas comment m'habiller. »

ISABELLE. Tu pourrais mettre une des robes que Federico t'a données.

LUC, *jouant sa mère.* Oui, la blanche. La blanche avec la mantille.

MARTINE. Elle avait aucune espèce de décence.

LUC, *jouant sa mère.* Votre père pourra pas m'entendre. Il peut pas se libérer.

ISABELLE. Mais Federico va venir, hein ?

LUC, *jouant sa mère.* Oui, ma chouette !

MARTINE. Aucune décence.

CATHERINE. Quand on est arrivés à la salle des Chevaliers de Colomb, la fête était déjà commencée. Du stationnement, on entendait le monde répondre à Florence Giroux qui chantait la Bolduc.

LUC, *jouant sa mère.* Federico a poussé les grandes portes de la salle et tout fier, il m'a offert son bras et on est rentrés.

CATHERINE. Tout le monde s'est arrêté de chanter, d'un coup. Même madame Giroux s'est arrêtée pis comme a l'était pas habituée au micro, on a entendu « Est complètement folle » dans toute la salle.

LUC, *jouant sa mère.* Tout l'village était là à nous regarder nous avancer. Y'a rien de plus silencieux au monde que deux cents personnes qui font silence. Les femmes baissaient les yeux à la vue du matador. Les hommes baissaient les yeux à la vue de la senorita.

ISABELLE. Moi, j'tenais la main de Luc.

CATHERINE. Martine pis moi, on fermait le cortège.

MARTINE. Le président des marguilliers a voulu dégeler l'atmosphère. Y'a tassé la Giroux du micro, pis y a dit: «Bienvenue à la p'tite famille Tanguay.»

CATHERINE. Y'a perdu une belle occasion de se taire. On a entendu quecques rires.

LUC, *jouant sa mère.* «La p'tite famille»! Rien que pour me rappeler que j'en avais pas eu quatorze comme les autres. Quatre enfants c'était pas assez pour occuper une femme. Il lui restait du temps pour penser à mal.

CATHERINE. Le président s'est repris. «Accueillons notre talentueuse joueuse d'orgue : madame Lucien Tanguay.»

MARTINE. Y s'est mis à applaudir comme un phoque.

CATHERINE. La salle a pas suivi.

LUC, *jouant sa mère.* Une grande paix m'envahissait.

MARTINE. Le calme d'avant les grands orages.

LUC, *jouant sa mère.* Federico m'a aidé à monter sur la scène. Je l'ai regardé comme si je le regardais pour la première fois. Federico s'est mis à fredonner pour me donner du courage. Un instant de vertige et j'ai commencé à jouer.

CATHERINE, MARTINE, ISABELLE, LUC, *chantant.*
« Una canción me recuerda a aquel ayer
Cuando se marchó en silencio un atardecer

Se fue con su canto triste a otro lagar
Dejó como compañera mi soledad

Una paloma blanca me canta alma
Viejas melancolicas cosas del alma
Llegando del silencio de la manana
Y cuando salgo a verla vuela a su casa

Donde va que mi voz
Ya no quiere escucharla
Donde va que mi vida se apaga
Si junta a mi no está
Si quisiera volver
Yo la iria a esperar
Cada dia cada madrugada
Para quererla mas. »

CATHERINE. Y'a deux hommes qui ont attrapé Federico. Au bout de dix minutes, y'étaient une dizaine dessus. Y'en a d'autres qui garochaient su meman tout c'qu'y se trouvait à portée de leurs mains : des cendriers, des verres, des chandelles...

MARTINE. Pis au milieu de tout ça, y'avait quatre enfants qui dansaient comme Federico leur avait appris.

CATHERINE. Pepa est arrivé en pleine émeute. Maman s'est arrêtée de jouer.

MARTINE. Y'a eu un grand silence.

LUC, *jouant sa mère*. Votre père s'est avancé au milieu de la salle. Le monde se sont poussés contre les murs. Votre père, habillé en soldat, digne comme un toréador devant Federico, ensanglanté, sur le plancher de danse comme le taureau au milieu de l'arène qui attend d'être achevé. (*À Martine.*) Lucien, pourquoi t'es habillé en soldat ?

MARTINE. Jamais, Luc.

ISABELLE. Joue, Martine. Rien qu'à soir. Pour la dernière fois. Rien qu'à soir.

MARTINE. Non.

LUC, *jouant sa mère.* Qu'est-ce que tu fais habillé en soldat?

MARTINE, *se levant.* J'm'en vas!

LUC, *jouant sa mère.* Tu penses que c'est la solution?

MARTINE. J'aime mieux m'en aller que de me faire à croire que ça me fait rien.

LUC, *jouant sa mère.* C'est lâche ce que tu fais. (*Silence.*) Les enfants, on rentre chez-nous.

MARTINE, *soudain, jouant son père.* Non! On va régler ça icitte! T'as voulu montrer ton bonheur à tout le village, Jacqueline? On va leux montrer le reste.

LUC, *jouant sa mère.* Tu savais qu'en amenant Federico ici...

MARTINE, *jouant son père.* J'ai jamais été capable de t'inventer le monde que tu voulais. J'ai rien à t'apprendre sus mon pays, c'est le même que le tien pis tu l'aimes pas. Chaque matin que le bon dieu amène, on ouvre les yeux pis on voit tout le temps les mêmes arbres, la même savane, les mêmes faces. J'suis pas capable de te parler d'amour. J'ai appris à le dire, pas à radoter d'sus. J'suis peut-être pas un... un bon...

LUC, *jouant sa mère.* Ça s'appelle «un amant», Lucien.

MARTINE, *jouant son père.* J'suis peut-être rien qu'un...

LUC, *jouant sa mère.* T'es juste un gars de Saint-Ludger comme y'en a ici des dizaines d'autres. T'es juste celui-là que j'ai pas pus choisir parce qu'y avait pas de choix. T'es juste ce que nos enfants sont en train de devenir; du monde pareil aux autres qui font pareil aux autres.

MARTINE, *jouant son père*. Un autre que moi, un de tes dizaines de gars pareils vous aurait déjà tués, Jacqueline. J'préfère aller tuer oùsque ça compte.

CATHERINE. Y'a fait demi-tour. Y'a marché vers les portes de la grande salle pis juste avant de disparaître pour toujours, y'a regardé meman une dernière fois.

MARTINE, *jouant son père*. Y me l'avait dit dans ma famille. Fais attention aux femmes qui sont trop belles. C'est le diable qui les a fait belle comme ça. À leux naissance, y leux a donner un cadeau empoisonné qui s'appelle le désir. Jacqueline, tu vas toujours désirer pis ça va être ça ton malheur. Ramassez les restes de l'Espagnol, sa maîtresse doit déjà en désirer un autre.

Martine s'éloigne des autres.

CATHERINE. Merci, Martine.

ISABELLE. T'étais ben bonne, Martine.

MARTINE. Demain 'est mieux de pas nous faire le coup du repentir.

ISABELLE. Que c'est que ça veut dire « repentir » ?

MARTINE. Ça veut dire quelqu'un qui revient à quatre pattes en lichant le plancher pour se faire excuser ! Non, on ne se tapera pas l'apothéose du pardon ! « Apothéose », ça veut dire la cerise sus l'sundae ! Prends ton dictionnaire !

LUC, *lisant*. « 21 juillet 1944. Cher fils adoré. J'ai reçu une lettre des Forces armées canadiennes. Votre père est mort lors du débarquement de Normandie. Ses amis l'avaient surnommé « Le suicidaire ». À l'annonce de la nouvelle, Martine a cassé la statuette du matador. Le lendemain, en revenant de son entraînement de port d'armes, Martine a braqué la 22 de ton père sur Federico, et elle est restée comme ça, immobile. Elle a demandé comme cadeau de

Noël que Federico s'en aille sinon, la prochaine fois, elle fera feu. »

CATHERINE. Ça m'a toujours chicoté ; t'aurais-tu tiré ?

MARTINE. Oui... sur elle. Demain, en la voyant franchir la porte, on va être là, fragiles, effrayés comme des p'tits enfants, parce que le temps s'est arrêté depuis qu'elle est partie ! Si j'en vois un y faire la moindre gentillesse, j'la sors la 22, pis c'te coup-là... j'tire !

LUC, *lisant.* « Dernière lettre du Canada. Avril 1945. Cher fils que j'aime. Federico est reparti. Le jour de son départ... *adios, adios...* Le vent avait de nouveau cristallisé la neige en vagues inertes. Ce matin au comptoir postal, je suis allée chercher le dictionnaire d'espagnol que Federico m'a envoyé. Madame Tessier a été méchante comme d'habitude, comme l'épicier, comme les demoiselles de la bibliothèque. Isabelle et toi, vous m'aidez à faire ma valise. Je vous laisse mes vêtements espagnols. Là où je vais, j'en trouverai de plus beaux. Avant de quitter Saint-Ludger, j'irai chanter ma libération à la veillée pascale. Je quitterai la maison sans vous embrasser. Le moindre attendrissement pourrait nuire à ma destinée. Ta mère qui t'aimera toujours. Adieu. »

ISABELLE. « Adieu. »

LUC. C'est la bénédiction des cierges à l'église. (*Il amorce sa sortie. Catherine s'empare du manuscrit.*) Touche pas à ça !

CATHERINE. Le reste des pages, c'est quoi ?

LUC. Sa vie en Espagne.

MARTINE. T'es en train de nous dire que tu te fais accroire qu'a t'écrit depuis qu'a l'est partie ?

LUC. T'as jamais essayé d'imaginer c'qu'elle était devenue ?

MARTINE. J'ai essayé de l'oublier.

LUC. Toi, Catherine?

CATHERINE. J'avais pas de temps à perdre avec ça.

LUC. Êtes-vous en train de me dire que depuis vingt ans, vous avez jamais pensé à c'que pouvait faire vot'propre mère? Comment vous faites pour vous regarder dans un miroir pis pas la voir dans vos traits?

ISABELLE. Moi, j'ai jamais eu la chance de l'imaginer. Catherine me disait qu'elle était au purgatoire, pis comme personne était capable de m'expliquer c'que c'était le purgatoire, ben, je l'imaginais pas. Finalement, y'a ben monsieur le curé qui m'a dit que ça ressemblait à une grande ligne pour le confessionnal. Ça fait que j'la voyais dans une ligne à attendre, pis des fois j'y apportais une chaise pour qu'a se repose.

LUC. Je l'ai tellement bien imaginée que quand je l'ai retrouvée en Espagne, y'a cinq ans de ça, elle était pareille à mon rêve.

MARTINE. Retrouver qui?

LUC. Meman.

MARTINE. T'as retrouvé meman en Espagne?

ISABELLE. Tu l'as vue pis tu me l'as jamais dit?

MARTINE. C'est vrai ou ben c'est de l'écriture?

CATHERINE. C'est de l'écriture!

LUC. Quand j'suis arrivé à Barcelone, j'ai pas eu de misère à les repérer. Federico était à cheval dans un de leux champs. Un grand domaine. Meman était la reine d'un grand domaine.

CATHERINE, *revenant avec une boîte contenant des lettres.* Comme meman va être icitte demain, ça sert pus à rien de vous le cacher.

Elle distribue des lettres à Isabelle et Martine.

LUC. Federico m'a dit qu'elle était en train de jouer de l'orgue à l'Iglesias de la Sagrada Famila. J'suis retourné en ville. Quand j'suis arrivé devant l'Igliesia, j'ai entendu l'orgue.

MARTINE, *lisant un lettre.* «Bonjour, Cathou. J'aimerais que tu me fasses parvenir le certificat de décès de ton père...»

LUC. C'était majestueux.

MARTINE, *lisant une lettre.* «... J'en aurais besoin pour un mariage éventuel. Maman.»

LUC. Ça faisait quinze ans que je l'avais pas vue.

ISABELLE, *lisant une autre lettre.* «Bonjour, Cathou. Voici cent dollars pour vous habiller en vue de l'hiver qui s'annonce. Maman.»

LUC. J'me suis avancé dans l'allée centrale de la grande église vide pour la voir au jubé...

ISABELLE, *lisant une autre lettre.* «Cathou, voici deux cents dollars pour les études d'Isabelle. Maman.»

LUC. Mon cœur battait fort.

CATHERINE. Lisez l'adresse dans le coin de l'enveloppe.

MARTINE, *lisant.* «102, avenue Saint-Marc, Limoilou, Québec.»

LUC, *démuni.* A s'est arrêtée de jouer.

Long silence.

CATHERINE. A l'a jamais été en Espagne. Elle a inventé tout ça pour pas qu'on l'a retrouve.

ISABELLE. J'ai mal au vente!

CATHERINE. Oui, Luc, j'ai pensé à elle souvent. Chaque jour. Je l'ai imaginée suant dans les manufactures de la basse-ville de Québec en train de se battre à journée longue avec une machine à coudre pour faire des corsets aux madames de la haute-ville... pour payer son désir.

MARTINE. A l'est à Québec! J'vas pouvoir enfin me reposer les méninges. J'avais une partie du cerveau transformée en mappemonde à force d'y chercher une adresse! A l'est à Québec!

LUC. Isabelle, va faire ta valise. On s'en va à Montréal.

CATHERINE. Luc, j'ai encore mille piastres à' caisse. Laisse Isabelle tranquille.

LUC. La laisser tranquille? Tu m'as expédié à l'aut'bout du monde en me laissant croire que meman était en Espagne rien pour que je la laisse tranquille. «La laisser tranquille!» On te l'a laissée pis regarde c'que t'en as faite! Une femme de vingt-sept ans qui a la maturité d'un enfant de douze ans pis autant de vocabulaire qu'un livre de téléphone!

ISABELLE. Mêles-toi donc de tes affaires, Luc.

CATHERINE. Demain, j'y permets aucun commentaire sus la manière dont je l'ai élevée. J'y ai donné tout c'que j'ai pu. A peut pas me l'enlever.

LUC, *jouant sa mère.* J'suis revenue chercher Isabelle, Cathou. J'suis écœurée qu'a soye là en attendant que t'ayes un p'tit. Parce que tu sais très bien que t'en auras pas. T'as passé toué z'étalons du village mais ton p'tit problème, ta p'tite tragédie, c'est que t'es pas rien que stérile dans ton cœur. (*Délaissant le jeu.*) Isabelle, va faire ta valise!

Isabelle ne bouge pas.

CATHERINE. J'en aurais voulu douze! Douze pour la faire chier! Douze pour y montrer comment ça pouvait être beau une famille.

MARTINE. Imagine si t'en avais eu douze! Douze départs déchirants. Douze fois à te demander à quoi ça servi que tu leux donnes tes tripes. Douze fois à te transformer en sang-sue gluante pour pas qu'y s'en aillent. Douze mille nuits blanches parce qu'y sont pus là. Douze mille nuits blanches à leux inventer des problèmes d'amour, d'argent, de santé. Douze fois à te demander si t'as ben faite ta job de mère. Douze fois à te demander quelle genre de femme t'étais avant qu'y arrivent. Douze fois à t'apercevoir que t'es rien qu'un chaînon dans c'te chef-d'œuvre qui s'appelle l'humanité. L'humanité qui se fait plaisir à faire mal, à s'entre-tuer. Meman, je la trouve courageuse d'avoir levé les pieds avant nous autres. Imagine, Catherine : a l'a même pas eu à se culpabiliser parce que je suis lesbienne. (*Temps.*) J'la trouve lâche de revenir. J'sais pas c'qui la pousse à être aussi masochiste. J'comprends pas pourquoi a veut vérifier qu'on a vraiment souffert, pis voir que, quand on se dé-chire pas entre nous autres, on continue de le faire en dedans de nous autres!

ISABELLE. « Masochiste » ?

MARTINE. Cherche-le pas pour rien. T'as rien qu'à regar-der ton frère. « Un masochiste » de la pire espèce. Un bebit-teux essaye d'imiter sa mère depuis qu'est pus là. Y nous fait la même séance à chaque fois qu'on le voit. C'est fini, Luc. Tu pourras pus jamais te prendre pour elle. Ton hé-roïne! La reine d'Espagne! Un beau livre bâti sur de l'air. Demain, quand tu vas la voir pis qu'a va te parler du Châ-teau Frontenac pis de son usine de corsets, qu'a va te jouer un beau morceau de machine à coudre à défaut de tou-cher de l'orgue, t'auras pus rien à dire, pus rien à écrire, pus rien à jouer parce qu'a te racontera pas le beau drame exotique que t'espères depuis vingt ans.

ISABELLE. Va faire ta valise, Luc. On part.

LUC. Non!

ISABELLE. Y'a pas cinq minutes, tu m'as dit qu'on partait. À cause?

LUC. À cause que c'est non!

CATHERINE. Merci, Luc.

ISABELLE. À cause?

LUC. À cause que je me vois pas pogné à Montréal avec une mongole.

ISABELLE. Tu dois le connaître le pire mot sua terre qu'on peut dire à quecqu'un? Ben, j'te le crie!

Luc prend les clefs de la voiture et sort de la maison en courant.

SCÈNE 3

CATHERINE. C'est quoi le numéro du taxi? Isabelle, cherche-moi le numéro de monsieur Savard!

MARTINE. Y doit être à la veillée pascale comme tout le monde.

CATHERINE. Monsieur Tessier a dit à docteur Lemieux que si y revoyait Luc, ses jumeaux y casseraient la gueule.

MARTINE. Ça s'peut-tu dire tout c'qu'on a dit pis à jeun! Y reste-tu de la bière?

CATHERINE, *composant un numéro.* Le docteur Lemieux doit être à l'église aussi.

MARTINE. Disons que l'bon Dieu a jamais été de ton bord.

CATHERINE, *s'habillant.* Faites des farces. J'vas avoir l'air de quoi en prenant une marche dans l'rang à une heure du matin?

MARTINE. Si jamais y se tue, ou ben si on le tue, en tout cas, si y meurt, oublie pas que j'suis venue icitte pour ça. Ça paraîtrait mieux un mort sur ma fiche de sortie qu'une résurrection.

Catherine sort.

SCÈNE 4

ISABELLE. Tu veux-tu jouer aux cennes?

MARTINE. Hostie de famille de fous!

ISABELLE. Tu serais jamais venue si j't'avais dit que meman revenait.

MARTINE. Je voulais pas revenir parce que ça plus aucun sens pour moi ici. Ça pus d'âme. J'me suis faite une vie ailleurs.

ISABELLE. C'est vrai que tu l'as jamais imaginée?

MARTINE. Moi aussi, j'suis allée en Espagne. Je l'ai pas vraiment cherchée mais je l'ai sentie proche. C'est niaiseux. Je l'ai sentie proche.

ISABELLE. T'as pas peur de la revoir? Martine a chassé Federico, Martine a dit à Isabelle que meman était morte...

CATHERINE. A l'aurait dû être icitte à soir pour voir le dégât. Tu me trouves épouvantable, hein? Tu dois te dire que j'ai pas de cœur? Isabelle, j'm'en pose pus de question. J'ai appris à arrêter de me demander pourquoi j'suis militaire comme mon père, pourquoi j'suis lesbienne, pourquoi j'ai du plaisir.

ISABELLE. Martine, penses-tu qu'y faut avoir des enfants?

MARTINE. C'est à moi que tu demandes ça?

ISABELLE. Quand je demande quecque chose à Catherine, ça se revire toujours contre moi, pis Luc a tellement d'imagination qu'on sait jamais c'qu'y va faire avec c'qu'on y dit. Penses-tu que quecqu'un peut avoir un enfant pis l'aimer toute sa vie? Pis que c't'enfant-là aime aussi sa mère? Penses-tu qu'on va refaire à nos enfants c'qu'on nous a faite? Penses-tu qu'y faut en avoir des enfants? C'est-tu mieux de se venger sus eux-autres ou sus les personnes qui nous ont fait mal?

MARTINE, *émue.* Pas sus eux-autres... Pas sus eux-autres...

ISABELLE. J'vas aller faire cuire le jambon.

MARTINE. Isabelle, j'ai d'l'amour pour toi. Tu l'sais?

ISABELLE. Ça, j'pense que c'est le seul mot que j'connais par cœur, mais j'aimerais dont ça qu'on me le réexplique. Ça veut trop souvent dire, «j'veux quecque chose».

MARTINE. Pas moi. J'veux rien de toi. Bonsoir.

Elle sort.

SCÈNE 5

ISABELLE, *se maquillant.* Meman mettait toujours du rouge
à lèvres rouge... rouge... écarlate. A l'était toujours...
radieuse. Le linge de meman était... splendide. Meman,
demain, va me trouver splendide... radieuse.

TROISIÈME ACTE

SCÈNE 1

Le lendemain matin. Vers les huit heures. Le dimanche de Pâques.

Martine et Isabelle s'affairent à décorer la table avec beaucoup de goût. Martine est en costume militaire.

ISABELLE. J'pense que tout est prêt pour le retour de meman. Ça pas des queues ben longues, les fleurs de couronnes mortuaires. J'vas en arracher d'autres.

MARTINE. Y en a assez. On est quand même pas pour y laisser voir qu'on la félicite.

ISABELLE, *enlevant quelques fleurs déjà en place.* T'as raison. Faut pas trop en faire. Déjà qu'on en a faite beaucoup. C'est beau, hein? (*Isabelle met un pot à eau au centre de la table.*) J'suis allée chercher de l'eau de source quand le soleil s'est levé. C'est de l'eau de Pâques. Y disent que c't'eau-là reste pure toute l'année. A se corrompt jamais. Avec la famille de corrompus qu'on est, un p'tit verre de c't'eau-là devrait pas nous faire de tort. (*Silence.*) Luc pis Catherine sont mieux d'être à l'heure!

MARTINE. Arrête de t'inquiéter.

ISABELLE. Y ont passé toute la nuitte dehors pis y'ont même pas appelé.

MARTINE. Inquiète-toé donc pas. Y'a personne qui a appelé pour savoir oùsqu'y étaient exposés.

ISABELLE. J'suis ben nerveuse. Ça fait deux fois que j'pleure depuis que j'suis levée.

MARTINE. T'es belle maquillée comme ça.

ISABELLE. J'veux y montrer que «j'ai émancipé». (*Soudain.*) Le jambon!

MARTINE. Y est correct! Ça fait trois fois que tu y vas en dix minutes. Y va finir par crier si tu le piques encore.

ISABELLE. Meman a l'a toujours bien parlé, hein?

MARTINE. Meman parlait comme dans les livres. Les livres, c'étaient ses seuls amis. A l'avait probablement déjà rencontré Federico dans un livre avant même qu'y arrive à Saint-Ludger. A l'aurait dû s'mettre à lire avant de rencontrer pepa.

ISABELLE. On dirait que t'es moins fâchée contre elle?

MARTINE. C'te nuitte, j'ai lu toutes les lettres qu'elle a envoyées à Catherine. Des lettres froides, pratiques comme si y avait rien qui a rattachait à icitte. J'comprends toujours pas pourquoi c'qu'a revient. J'comprends pas.

ISABELLE. Moi, j'le sais pourquoi c'qu'y faut qu'a revienne. C'est pour ouvrir les portes qui restent à ouvrir. (*Temps.*) Y faut pas que je parle mal quand a va être là. Y faut que je parle aussi bien qu'elle.

MARTINE. Tu parleras comme tu voudras.

ISABELLE. Non. Aussi bien qu'elle (*Silence.*) Y vous trouvent-tu belles avec c'te costume-là?

MARTINE. J'suis pas mannequin, j'suis soldat.

ISABELLE. Ça doit être une «stratégie» pour faire peur aux ennemis, hein? (*Elles rient.*) Tu couches avec les femmes?

76

MARTINE. Oui. Avec une en particulier.

ISABELLE. Voilà deux mois et demi, j'ai rencontré un gars à la barrière. J'ai eu ben du plaisir avec lui. J'imagine que tu dois avoir autant de plaisir avec elle que moi avec lui?

MARTINE. J'te le souhaite.

Elles rient.

ISABELLE. J'aime assez ça parler des histoires de fesses. Ça m'fait tellement de bien. C'est ça «parler en adulte», hein?

MARTINE. Ça dépend des adultes.

ISABELLE. Avec Catherine, y faut jamais parler de ça. J'aimerais tellement ça en parler pendant des heures. Ça m'changerait de nos histoires du passé.

MARTINE. Par quoi tu veux qu'on commence?

Elles rient de plus belle.

ISABELLE, *regardant par la fenêtre.* C'est Catherine pis Luc.

MARTINE. C'est pas encore aujourd'hui qu'on va pouvoir parler de cul dans c'te maison-là.

ISABELLE. Luc a l'air maganné.

MARTINE. Mon Dieu, y a eu sa volée!

SCÈNE 2

Luc entre habillé en homme, aidé de Catherine. Il a un bandage lui recouvrant la tête, un bras en écharpe. Il a de la difficulté à marcher.

CATHERINE. Restez-pas là comme si vous étiez devant une vitrine.

MARTINE. Pis la veillée pascale? Nous avez-vous ramené un cierge?

CATHERINE. Vous avez dû vous en raconter des farces depuis c'te nuitte.

MARTINE, *moqueuse.* La reine d'Espagne a mangé une maudite volée.

LUC, *à peine audible.* Toi!

CATHERINE. Luc, farme ta gueule, tes points de suture vont sauter.

MARTINE. Ça fait longtemps qu'on t'a pas vu avec rien qu'une paire de culotte sus l'dos. Ça nous fait un beau p'tit garçon!

LUC, *à peine audible.* Isabelle! J'veux m'excuser pour hier soir.

ISABELLE, *parlant comme si Luc était sourd.* Que c'est que tu dis?

LUC. J'veux m'excuser pour c'que je t'ai dit.

ISABELLE. J'comprends rien. Tu parles comme un mongol.

Isabelle sort.

SCÈNE 3

CATHERINE. J'suis arrivée trop tard. Y'était plein de sang. Les jumeaux Tessier se sont jetés dessus en l'voyant rentrer dans l'église. Luc a même pas eu l'temps de monter au jubé, qu'y étaient déjà quatre ou cinq dessus. Après, y l'ont pitché en dehors sus l'perron. Des barbares...

LUC. Raconte! Raconte c'que t'as faite!

CATHERINE. Y'a fallu que j'rentre dans l'église pour aller le chercher. Quand je l'ai trouvé, j'me suis aperçue que j'étais en plein milieu de l'allée centrale devant tout le monde. Je ne sais pas pourquoi mais j'étais tellement en maudit que j'me suis mis à les dévisager pis... (*Elle commence à fredonner* La Paloma.) Plus le docteur Lemieux tirait sus mon manteau pour qu'on sorte, plus j'chantais fort. (*Elle chante fort.*) J'suis sortie de l'église en beuglant à tue-tête pis l'organiste s'est mis à m'accompagner.

MARTINE. T'as fait ça, toé?

CATHERINE. J'me suis sentie tellement ben. Tellement ben. J'me suis sentie libre. J'avais pus de secret! J'me vengeais d'eux autres. (*Elle prend la valise.*) J'm'en vas faire un autre plaisir. (*Elle va dehors, entre à nouveau.*) Y s'en vient un char que je connais pas. (*Martine l'a rejoint.*) J'en ai douté jusqu'à la dernière seconde.

MARTINE. Y en a-tu d'autres dans l'rang qu'y attendent après leur mère? Le char a passé tout droit.

Longue attente. L'horloge sonne neuf heures, dix heures, onze heures et midi.

SCÈNE 4

ISABELLE, *revenant vêtue d'un tailleur des années 1940. Elle porte le jambon, jouant sa mère.* J'ai tellement attendu ce moment. J'en rêve depuis des semaines : Joyeuses Pâques, mes enfants chéris. Bonjour, Martine ! Bonjour, Luc ! Bonjour, Cathou ! La maison n'a pas beaucoup changé depuis 20 ans. Tu t'es donné beaucoup de trouble pour que rien change.

CATHERINE. Que c'est que ça veut dire, Isabelle ?

ISABELLE, *jouant sa mère.* Oui, parlez-moi d'Isabelle. Elle n'est pas avec vous ? Elle est dans un pays trop loin d'ici ? Son travail l'a empêchée de revenir ? Qu'est-ce qu'elle est devenue ? Qu'est-ce qu'elle est devenue Catherine ?

CATHERINE. Pas grand-chose.

ISABELLE, *jouant sa mère.* J'aimerais te remercier pour tout c'que tu as fait pour elle.

CATHERINE. Va chier !

LUC, *s'efforçant qu'on le comprenne.* Ça veut-tu dire que meman viendra pas ?

ISABELLE, *jouant sa mère.* Je suis là, mon Luc.

LUC. Le téléphone ? Le téléphone ?

ISABELLE, *jouant sa mère.* Le téléphone ? Isabelle vous a peut-être inventé un mensonge à son tour.

CATHERINE. D'oùsque t'arrives... « meman » ?

ISABELLE, *jouant sa mère.* Je devais revenir d'Espagne mais à la toute dernière minute, j'ai décidé de revenir de Limoilou. (*Elle commence à verser de l'eau dans les verres.*) On va boire de l'eau de Pâques. C'est de l'eau de Pâques pour nous purifier. Santé.

Elle boit.

MARTINE. J'aimerais ça jaser plus longtemps, mais j'ai un avion à prendre à Bagotville après-midi. Ça fait que j'ai pas beaucoup de temps pour jouer. Peux-tu nous dire pourquoi ?

ISABELLE. Y'a deux mois et demi, un homme a dit à Isabelle que tout le village savait que sa mère était pas morte, qu'elle les avait tout simplement abandonnés. Cet homme, c'était la vérité pour Isabelle, et aujourd'hui Isabelle porte l'enfant de la vérité.

MARTINE. T'es enceinte ?

ISABELLE. Oui. Isabelle est enceinte de deux mois et demi.

CATHERINE. C'est pour t'en débarrasser que tu voulais aller à Montréal, hein ?

ISABELLE, *jouant sa mère.* L'enfant d'Isabelle, c'est une muse. C'est lui qui l'a inspirée à faire tout cela. Isabelle a préféré se venger sur vous, pas sur sa muse... pas sur sa muse.

CATHERINE. Tu peux pas avoir c't'enfant-là ! J'vas t'amener à Montréal.

ISABELLE, *jouant sa mère.* Elle va en avoir douze, juste pour te montrer que c'est beau un enfant. Douze qui s'en iront. Ce qui est beau dans une famille, c'est de savoir la quitter !

CATHERINE. Tu peux pas me faire ça !

ISABELLE, *jouant sa mère.* Vous lui avez raconté le courage qu'il m'a fallu pour vous abandonner, Isabelle vous abandonne aujourd'hui.

CATHERINE. Isabelle, j'vas vendre la maison, j'ai mille piastres à' Caisse, on pourrait...

ISABELLE, *délaissant le jeu.* Tu pourras te payer c'que tu voudras, Catherine. (*Rejouant sa mère.*) Oubliez pas de manger le jambon, c'est une tradition.

Isabelle sort.

MARTINE. Je l'imaginais comme ça, not'mère... libre.

Martine prend sa valise et sort à son tour.

SCÈNE 5

LUC, *déchirant.* J'aurais tellement aimé ça... j'aurais aimé ça qu'elle soit venue pour de vrai... J'aurais aimé ça qu'elle me prenne dans ses bras, qu'elle me dise...

CATHERINE, *prenant Luc dans ses bras.* Tu vas voir, mon Luc, Catherine va s'occuper de toi. (*Chantant.*)

> *Le soir, ma mère me chantait que j'étais enfant,*
> *l'histoire d'un bateau perdu et d'un oiseau blanc.*
> *Un jour le bateau s'en va droit vers l'océan,*
> *et seule, le cœur plein d'amour, une fille attend...*

FIN

OUVRAGE RÉALISÉ PAR
LUC JACQUES, TYPOGRAPHE
ACHEVÉ D'IMPRIMER
EN SEPTEMBRE 2005
SUR LES PRESSES DES
IMPRIMERIES TRANSCONTINENTAL
POUR LE COMPTE DE
LEMÉAC ÉDITEUR, MONTRÉAL

DÉPÔT LÉGAL
1ʳᵉ ÉDITION: 1ᵉʳ TRIMESTRE 2000
(ÉD. 01/ IMP. 11)